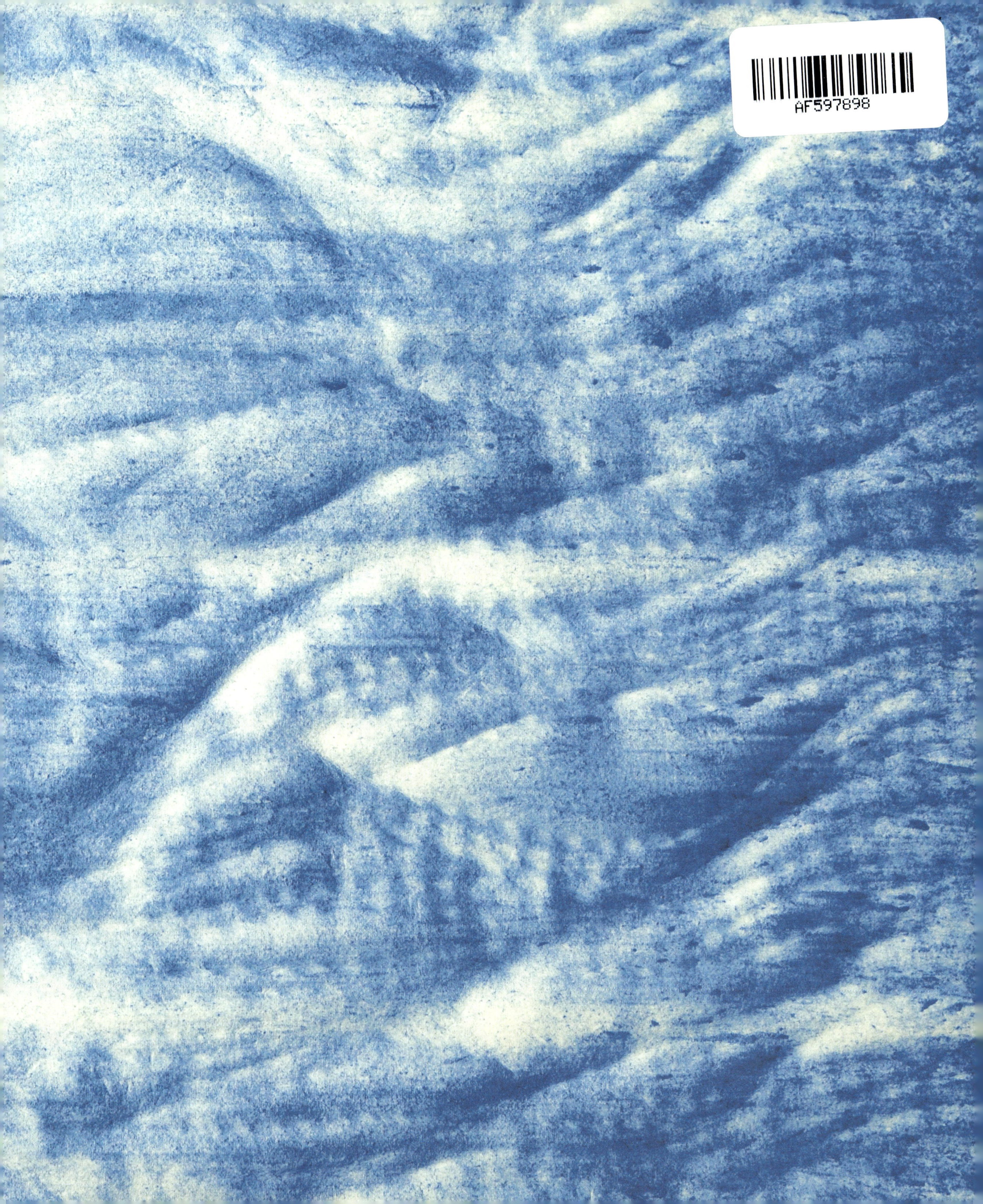

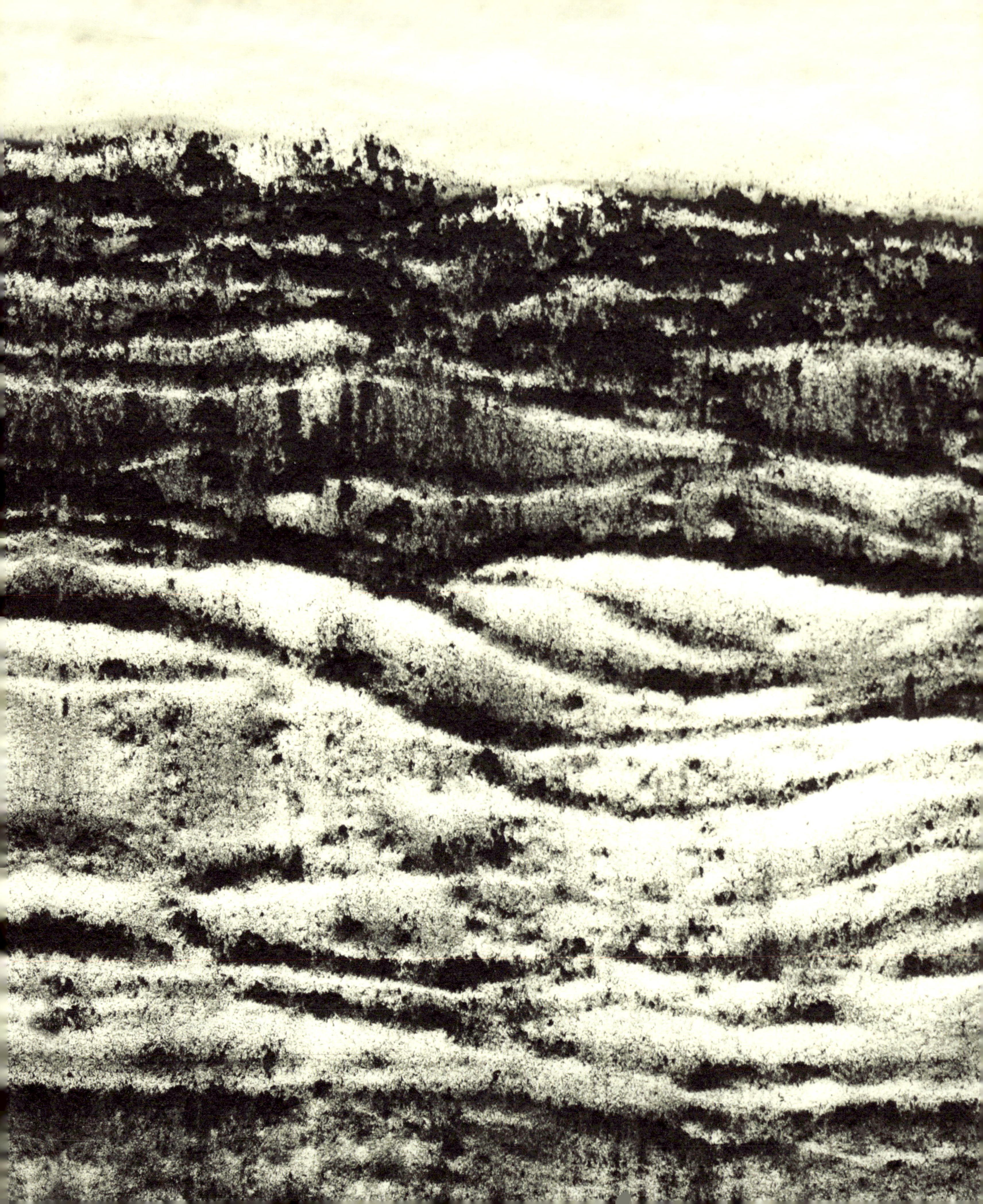

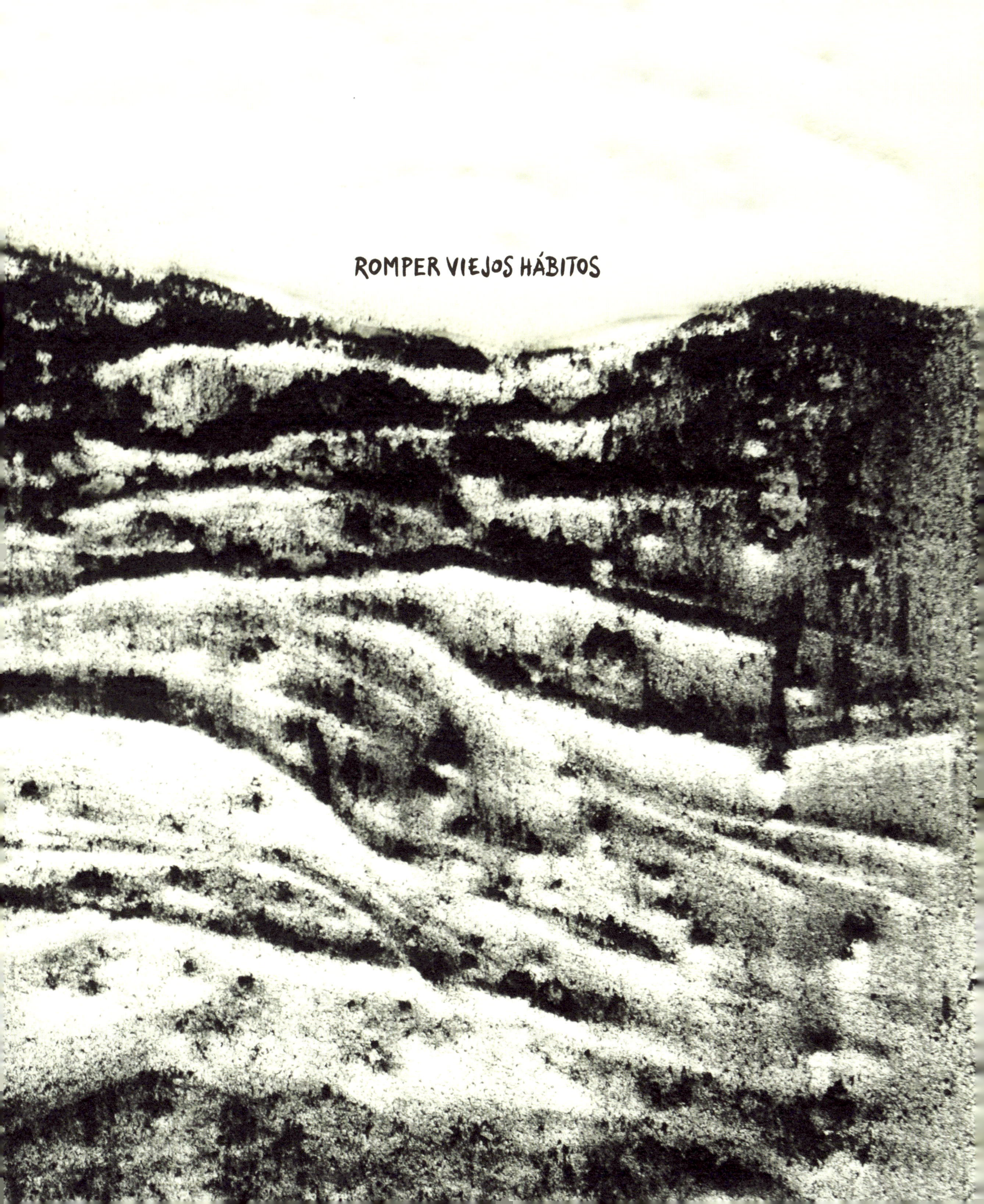
ROMPER VIEJOS HÁBITOS

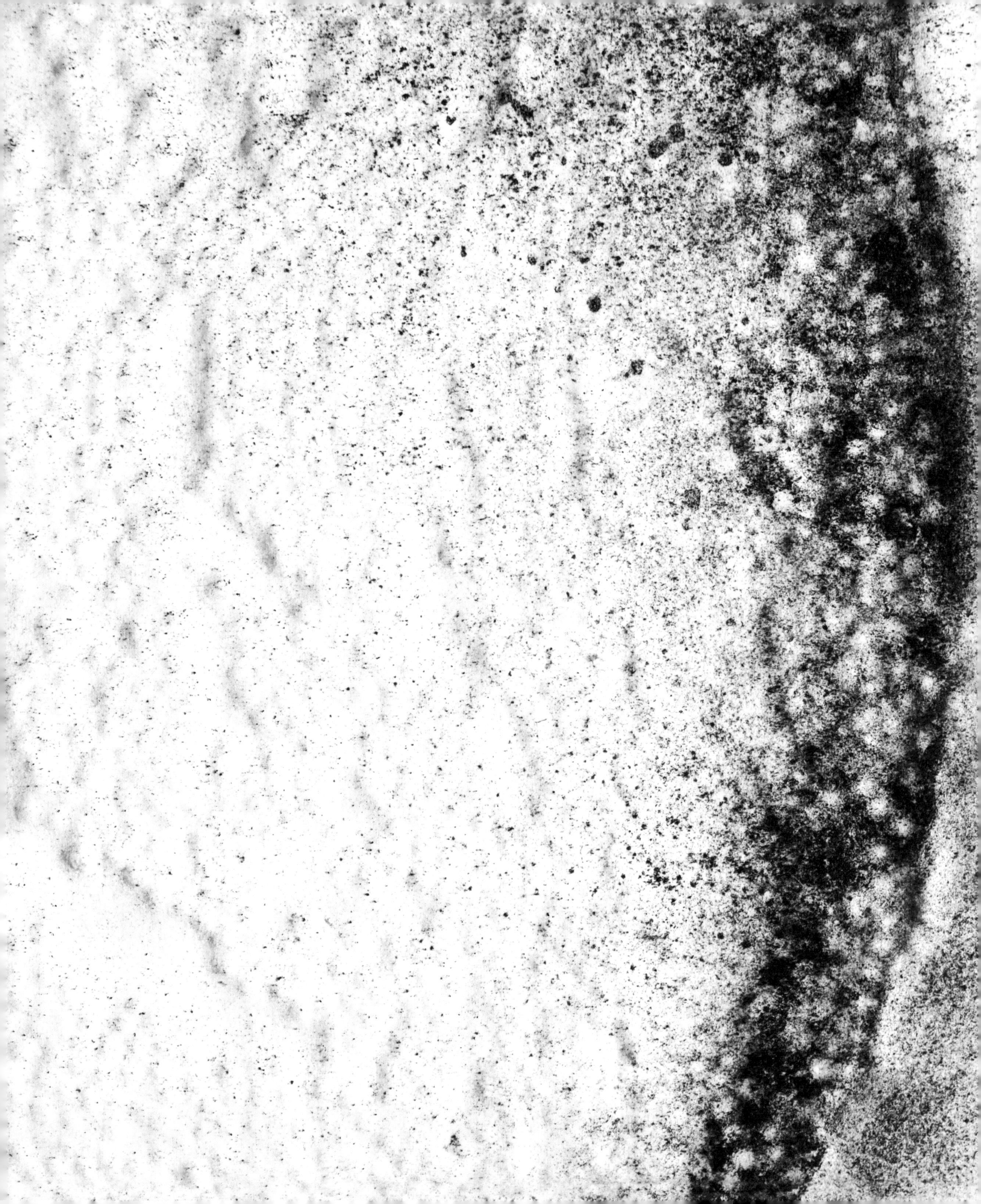

ROMPER VIEJOS HÁBITOS

PEPE MOLL DE ALBA

Vegueta 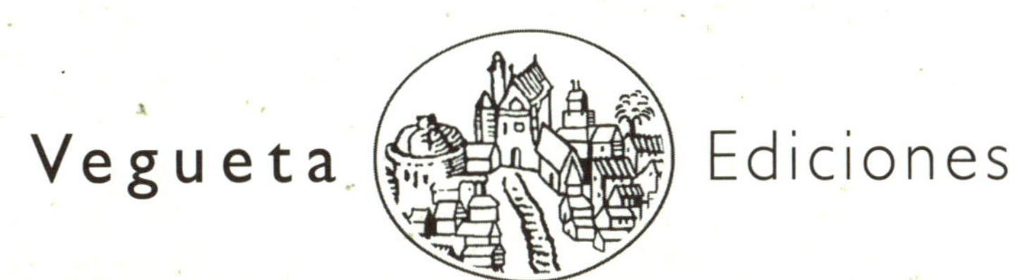 Ediciones

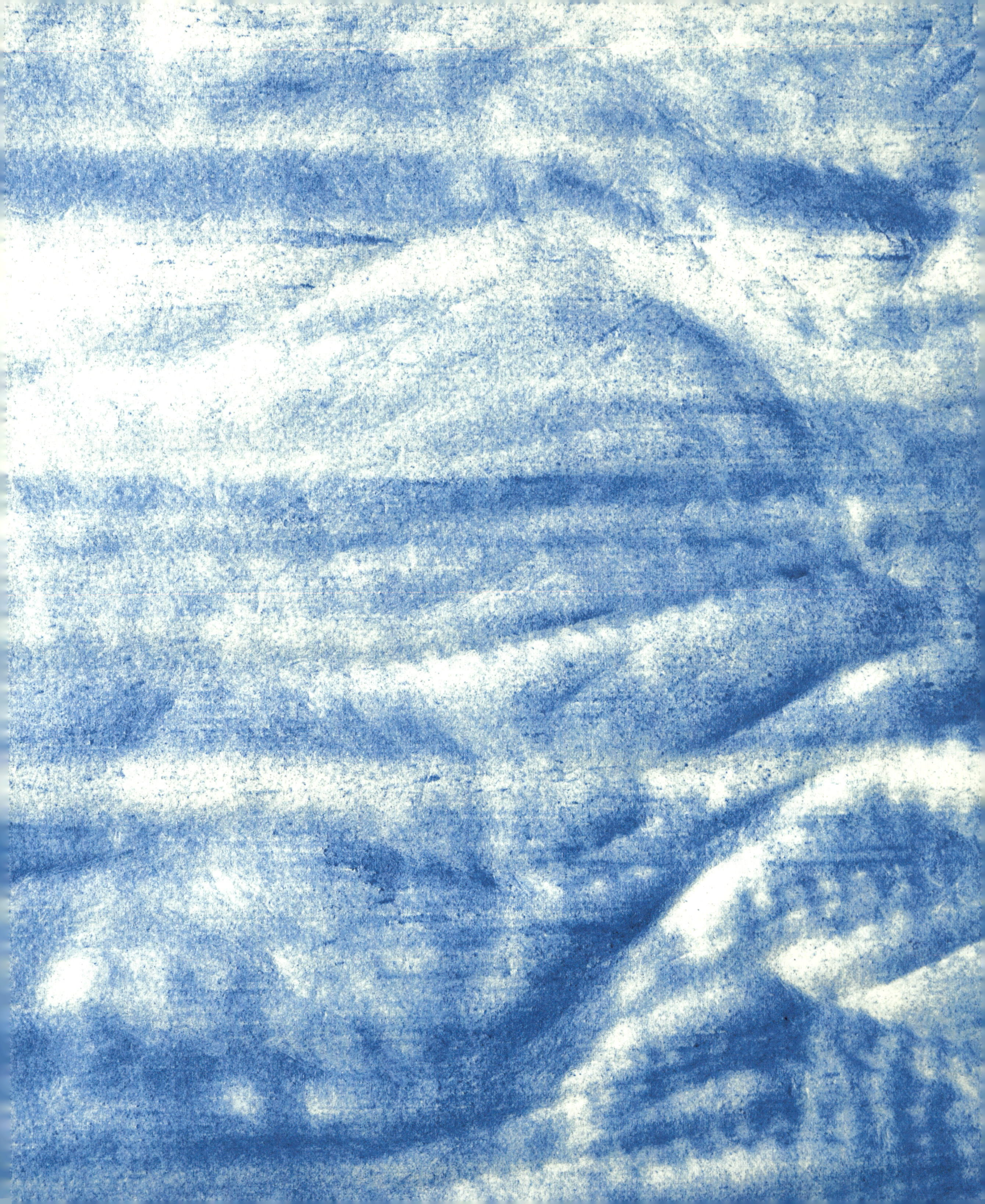

Dices que es el final,

que, aunque parezca que se mueve,
en realidad está muerto,

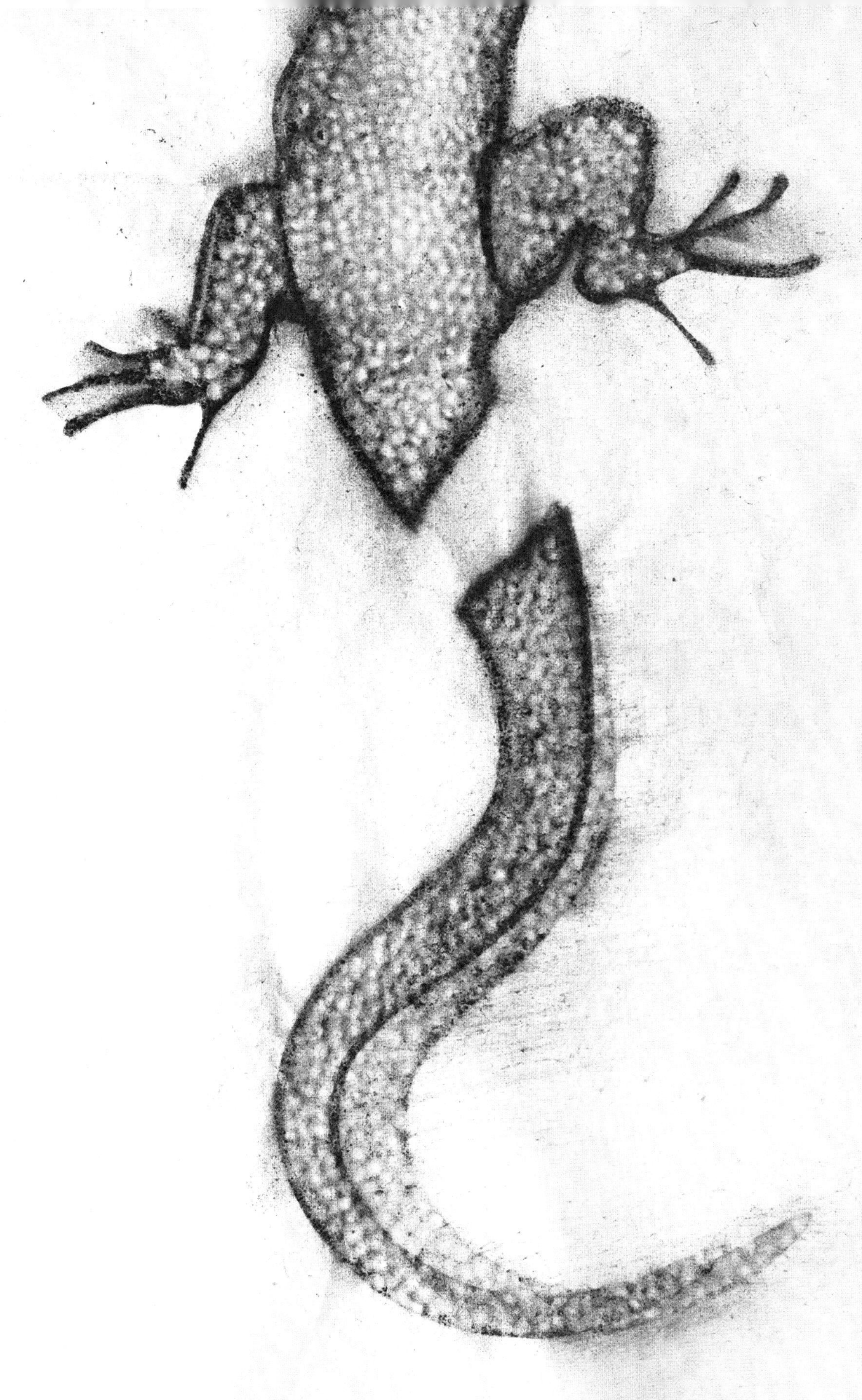

DEAD BUT MOVING

que las fantasías
se han vuelto innecesarias,

CUT
THE
STRING

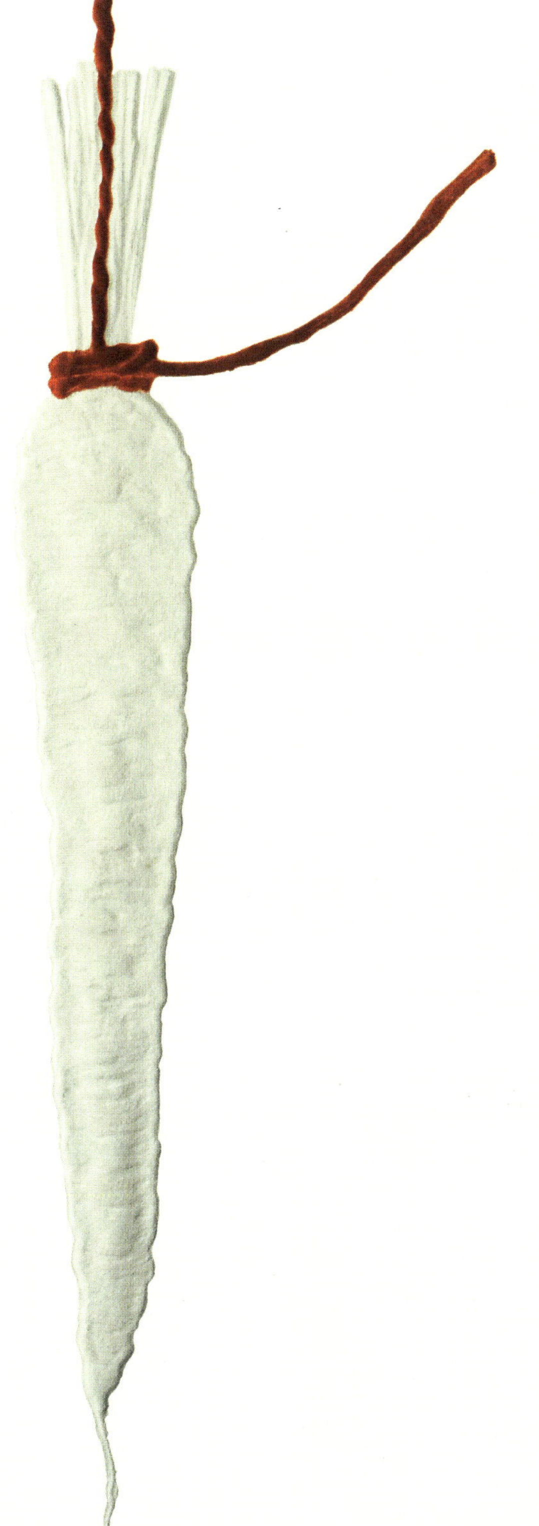

que un brusco viraje se acerca.

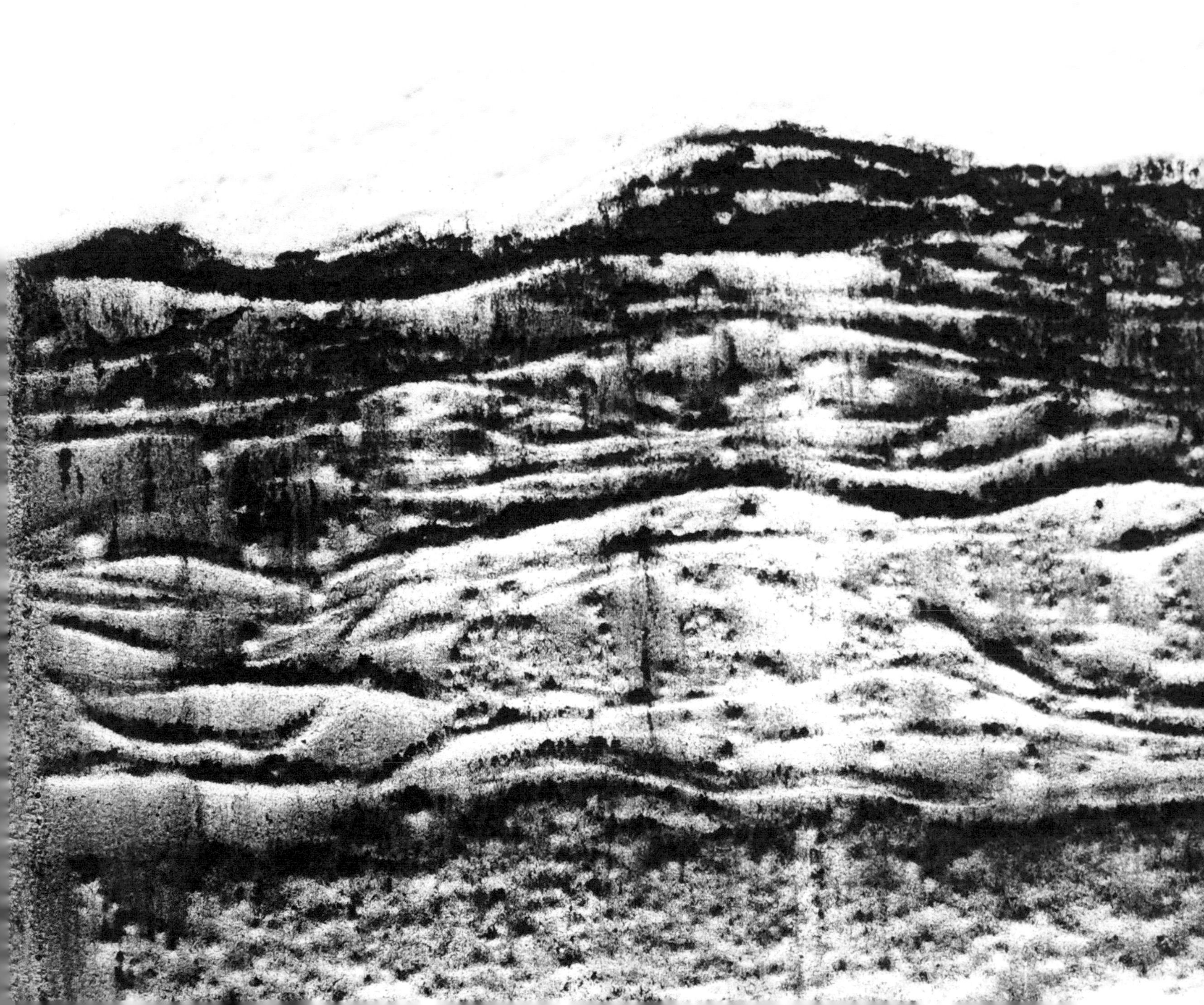

STORM

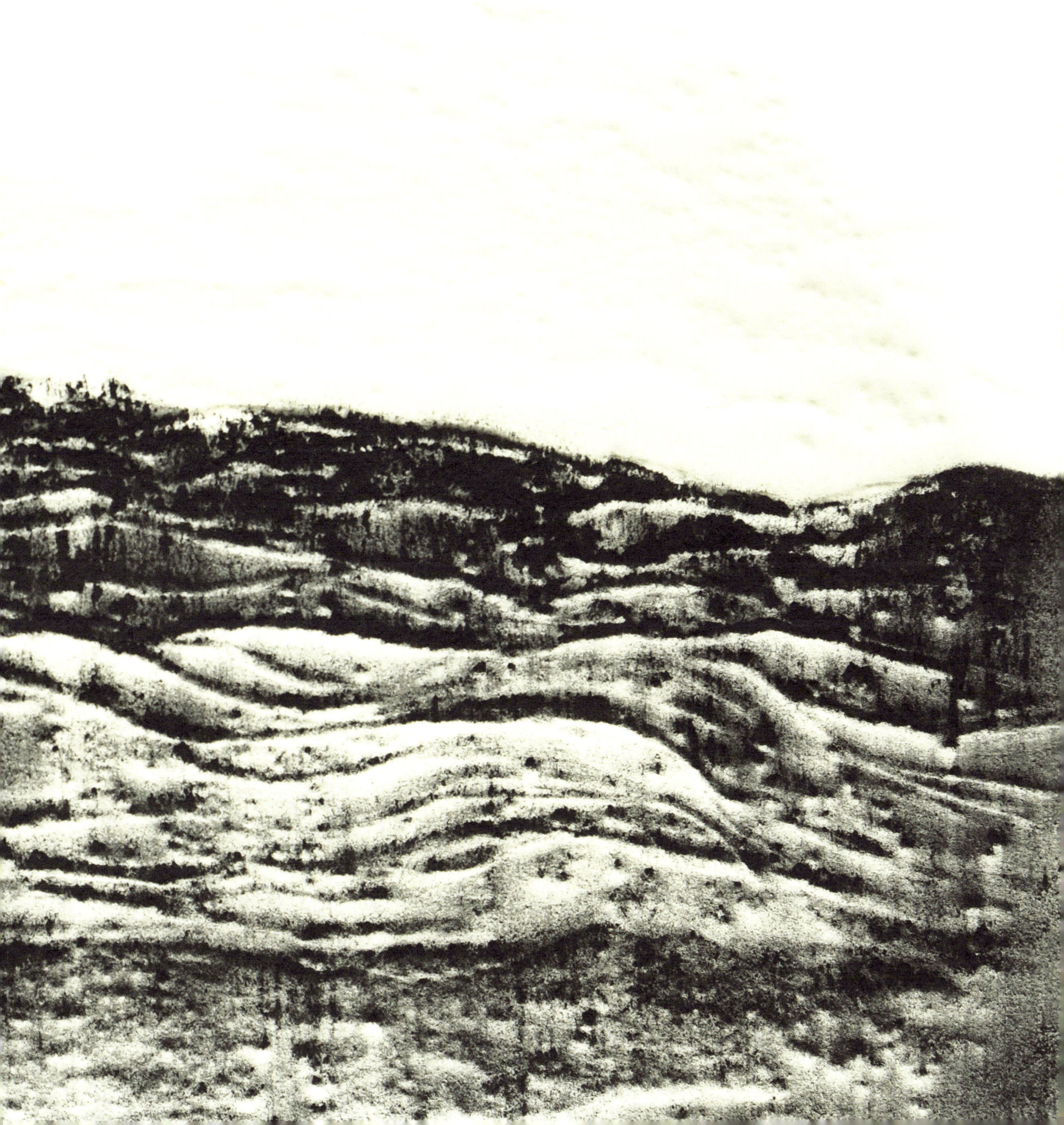

¿Cómo mantenerse intacto ante la tormenta?

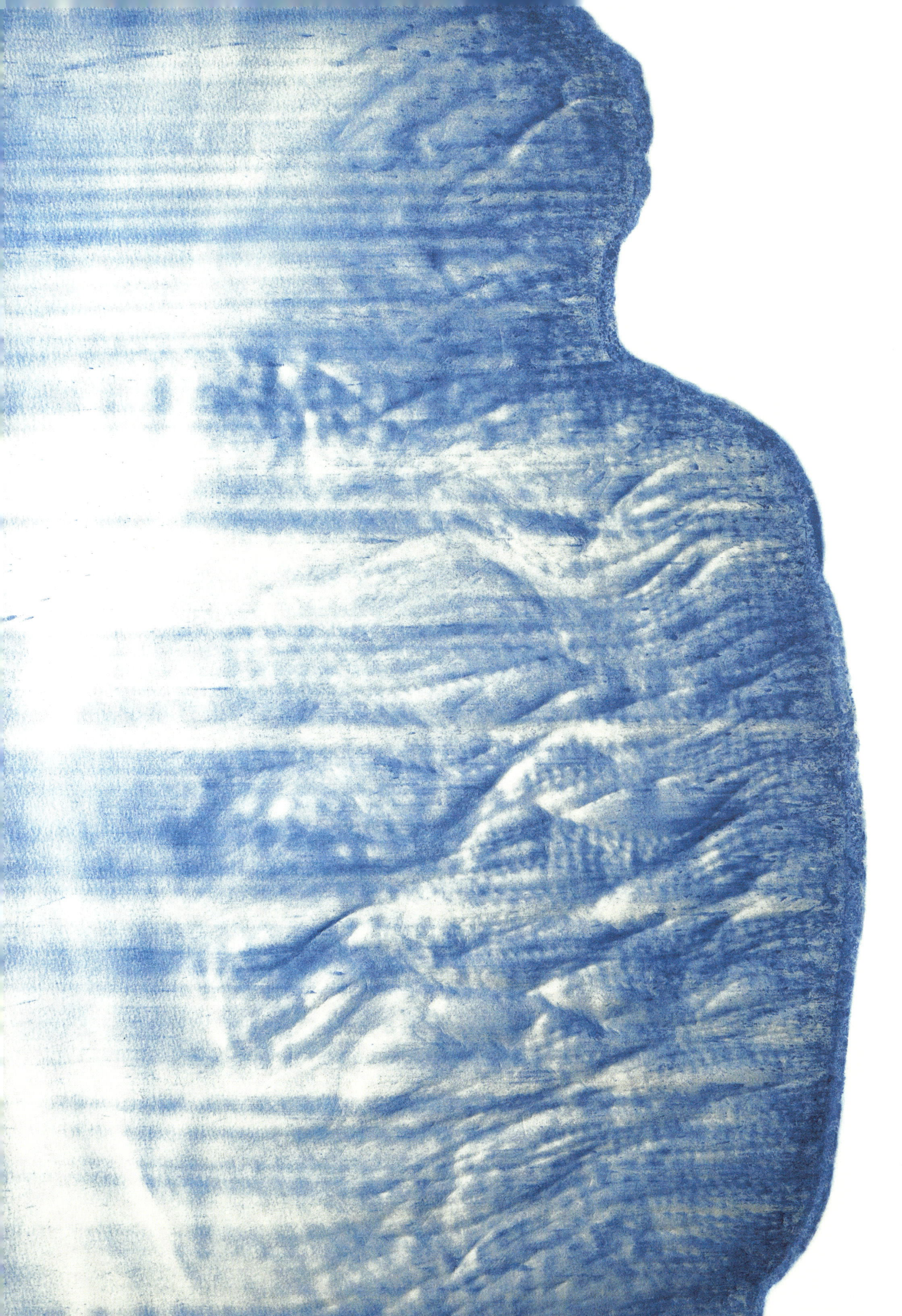

WISDOM

Abandonar las viejas costumbres
y las estructuras mentales obsoletas.

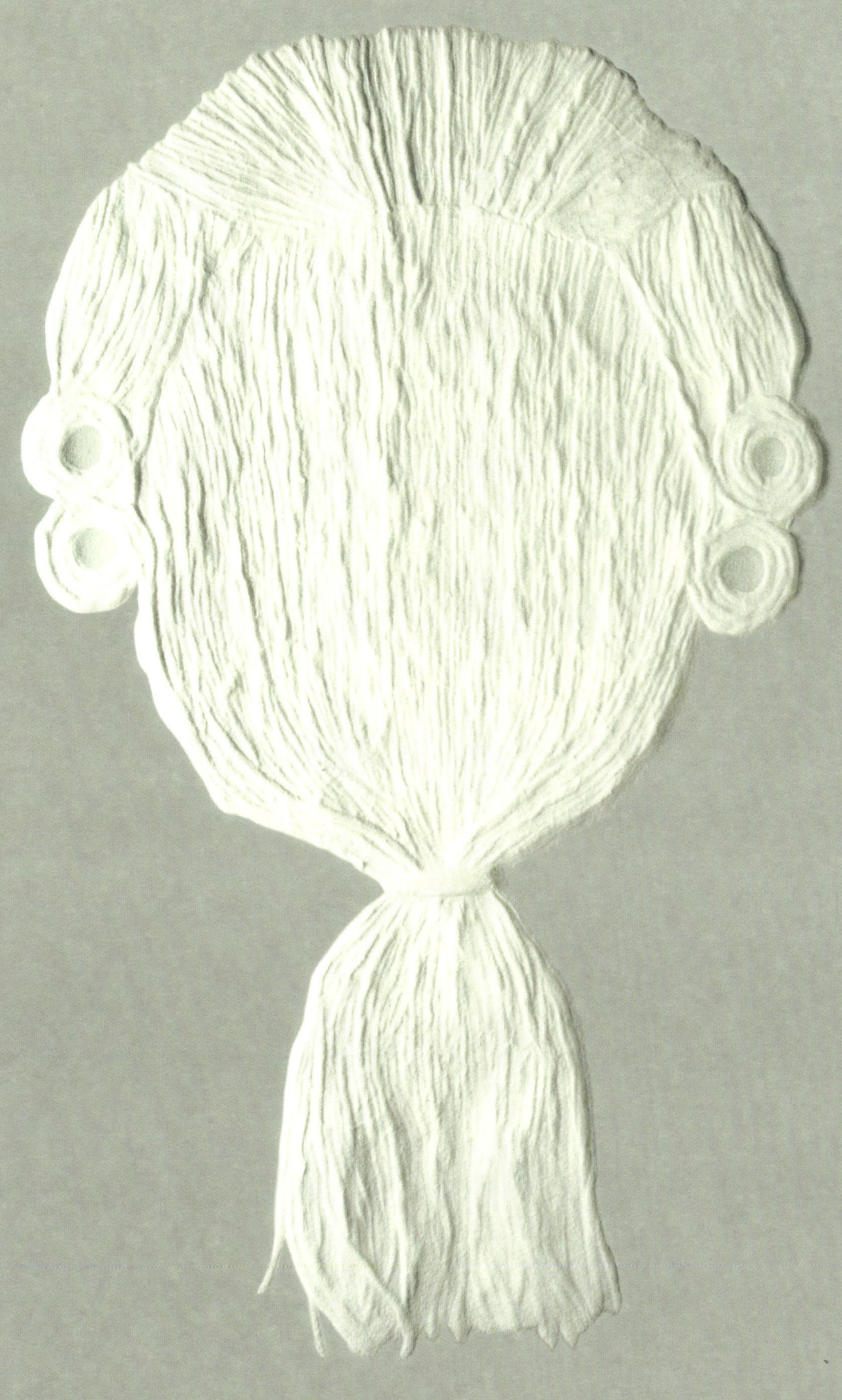

BREAK OLD HABITS

Respirar
y serenar los pensamientos.

SEE

Limpiar la mente,
que por un momento nada la altere.

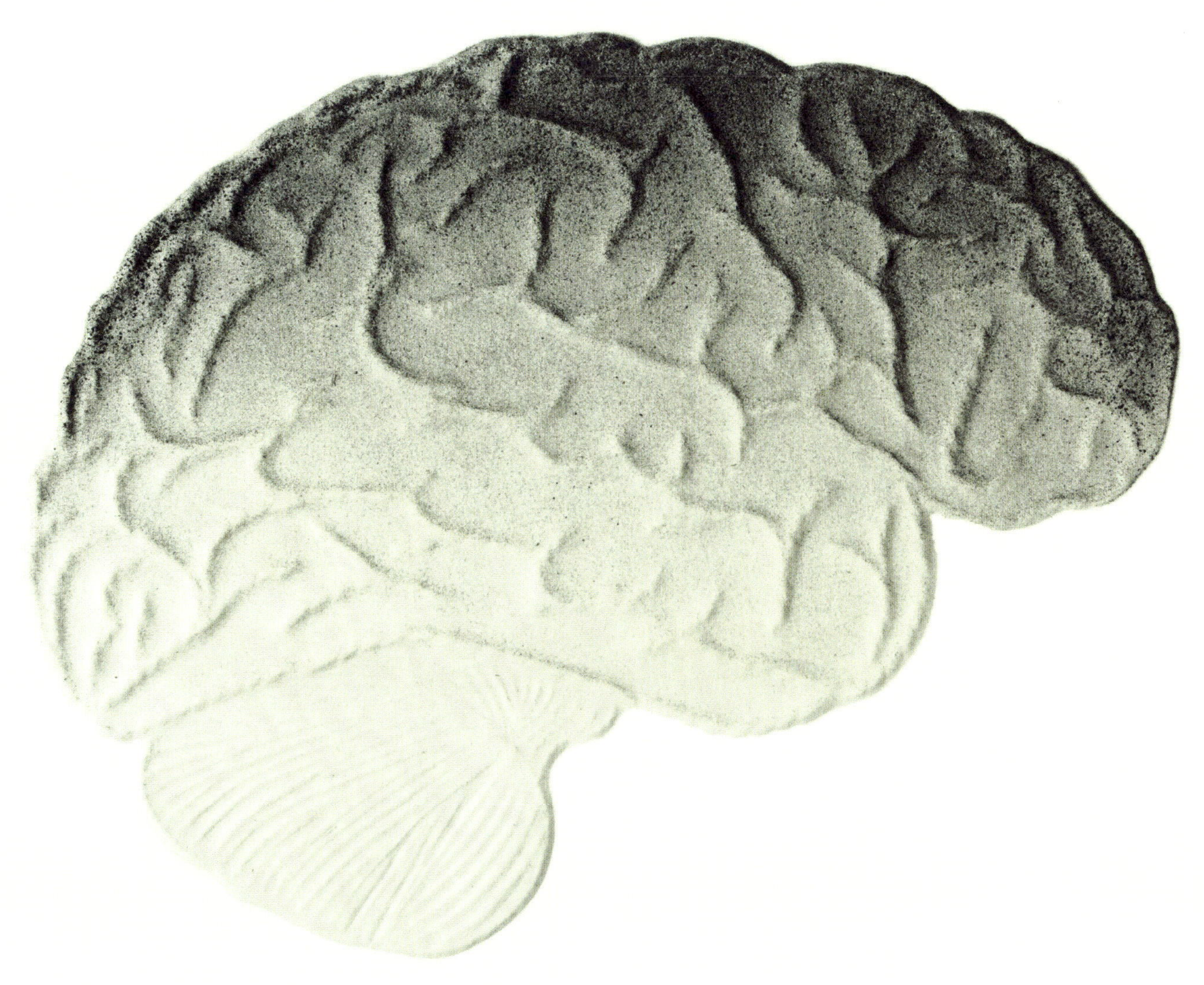

CLEANSE

Sentir un vacío perfecto
y encontrar la calma.

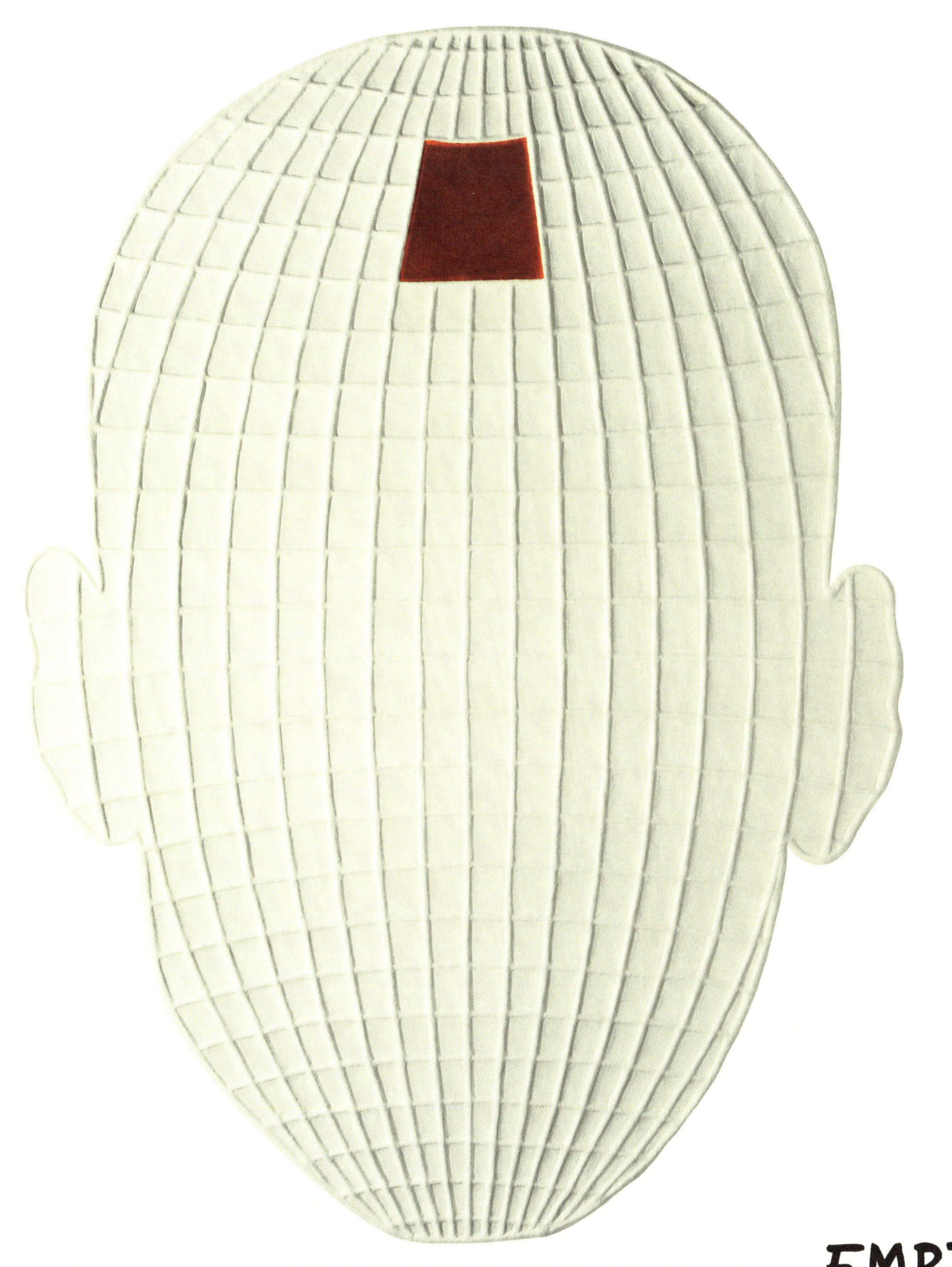
EMPTY

Mover las raíces
y mezclarlas con otras.

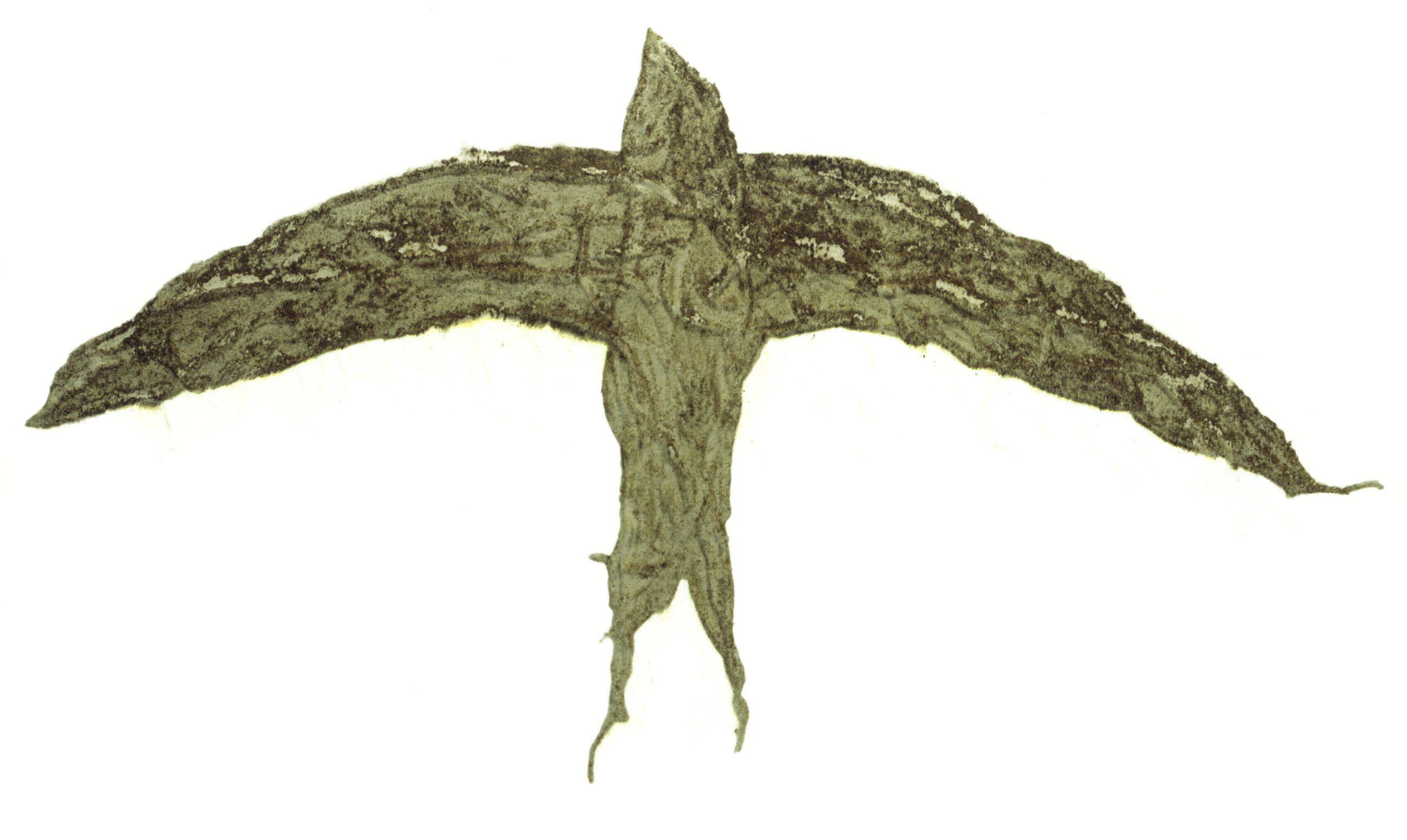

FLYING ROOTS

Amar y dejarse amar,
sin miedo a ser sustituido y olvidado.

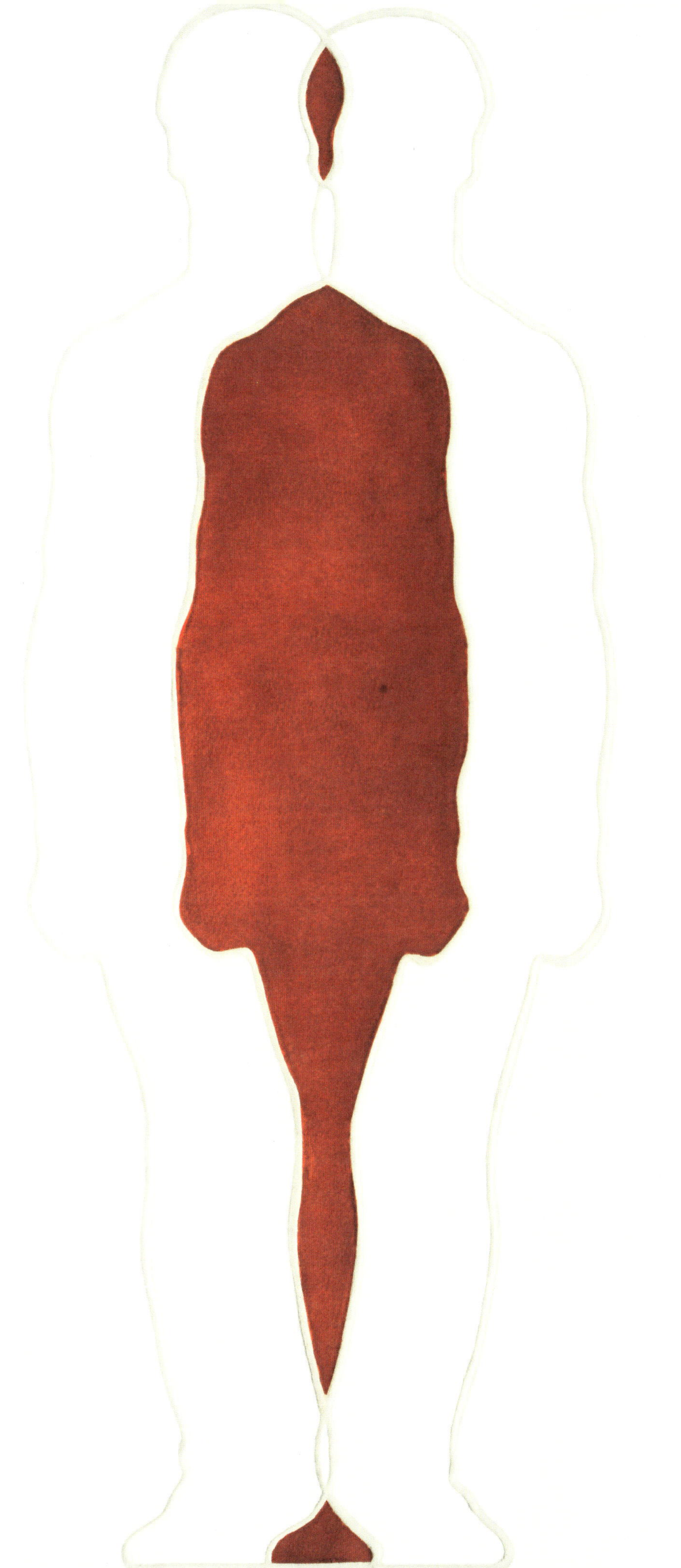

SHARE

Descubrir al ancestro.
Reconocer en él nuestro propio misterio,
honrarle y dejarle ir.

WHAT CANNOT BE SEEN

Diferenciar los sueños propios de los heredados.

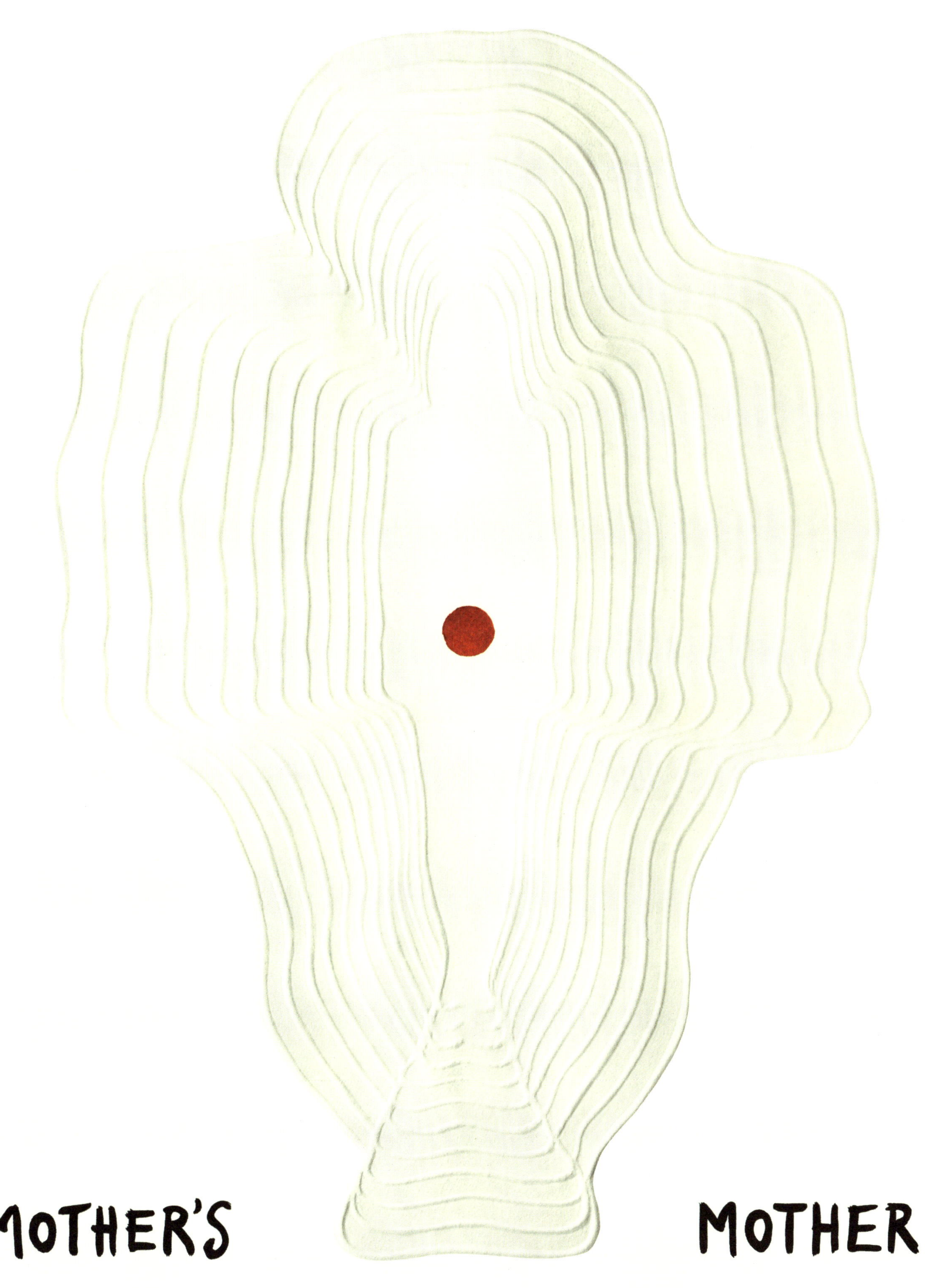
MOTHER'S
MOTHER

Yo no soy yo,
ni mi nombre es mi nombre.
Estoy formado de partes de otros seres.

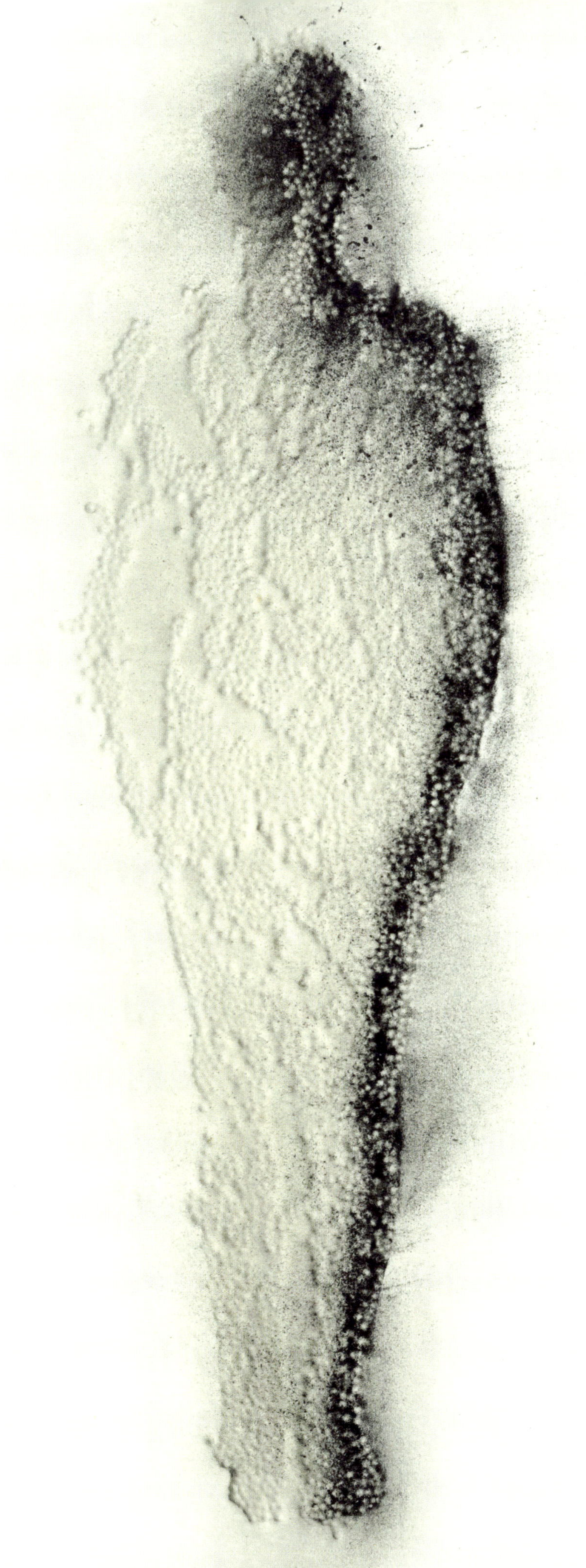

ME?

Las estrellas, el mundo, yo:
una misma materia eterna.
Al entenderlo, la soledad cesa.

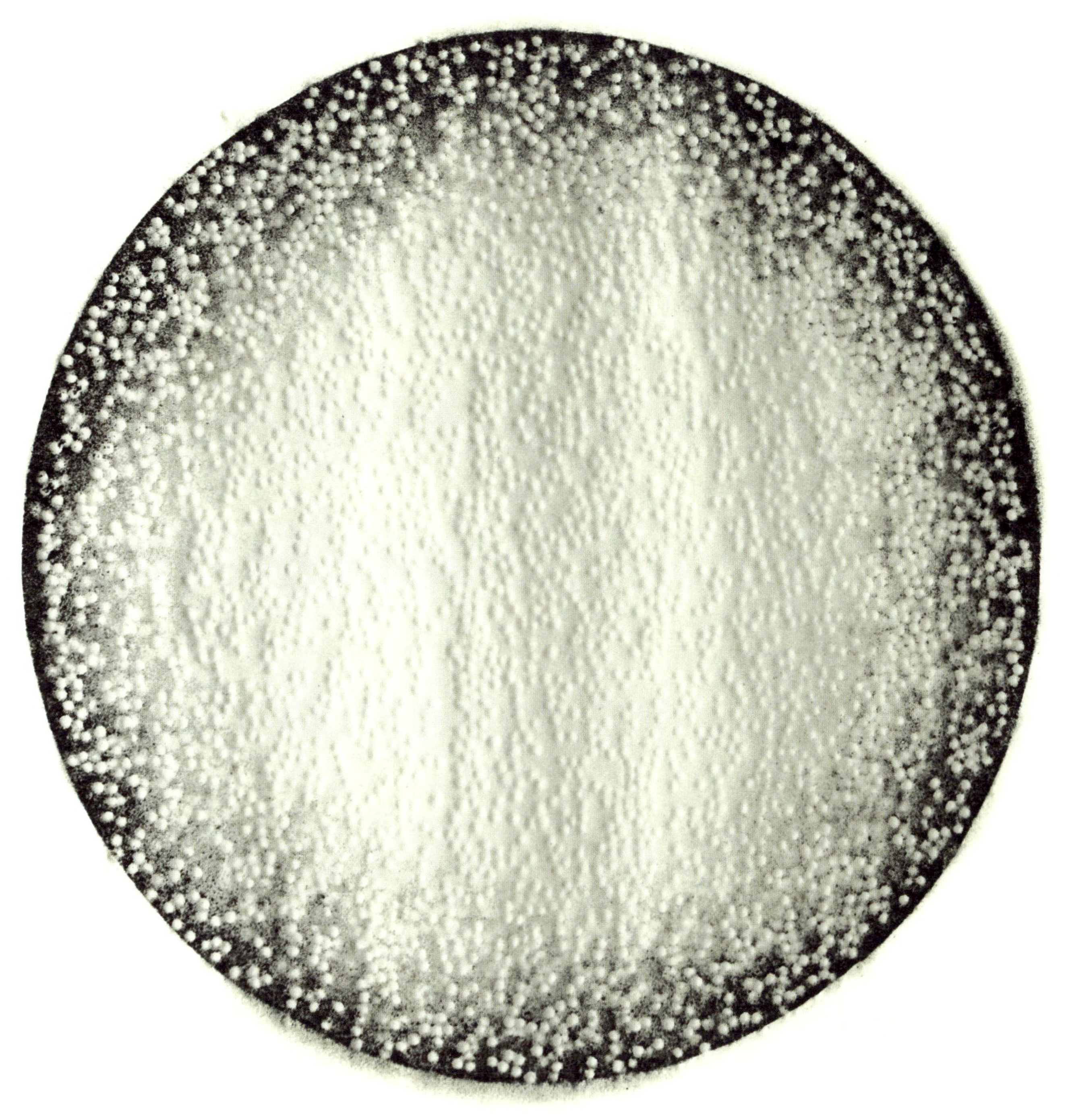

ETERNITY

Ver las señales, que aparecen
cuando todo encaja sin esfuerzo.

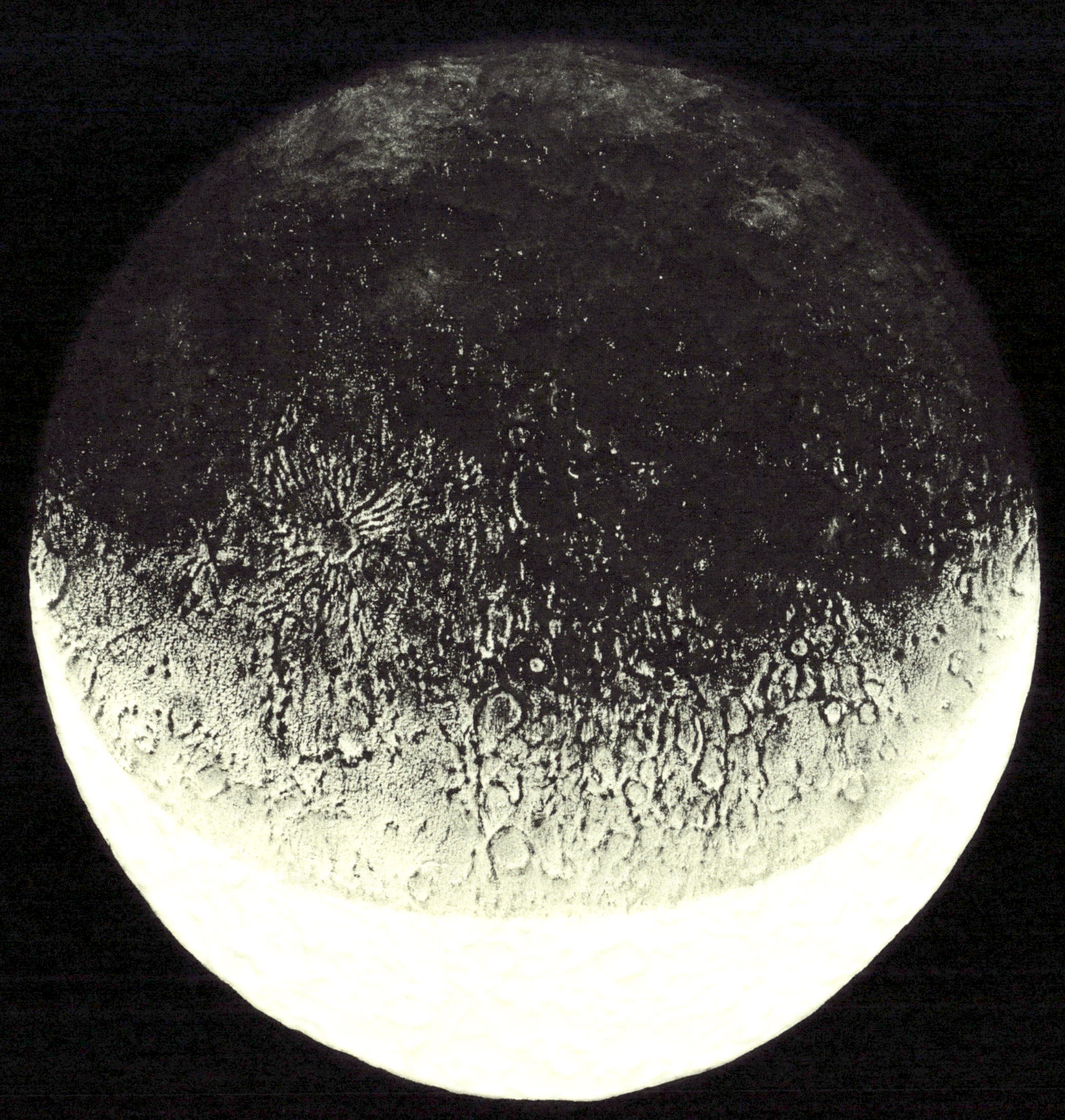

READ THE SIGNS

Ir tras el Arte
y descubrir la Naturaleza.

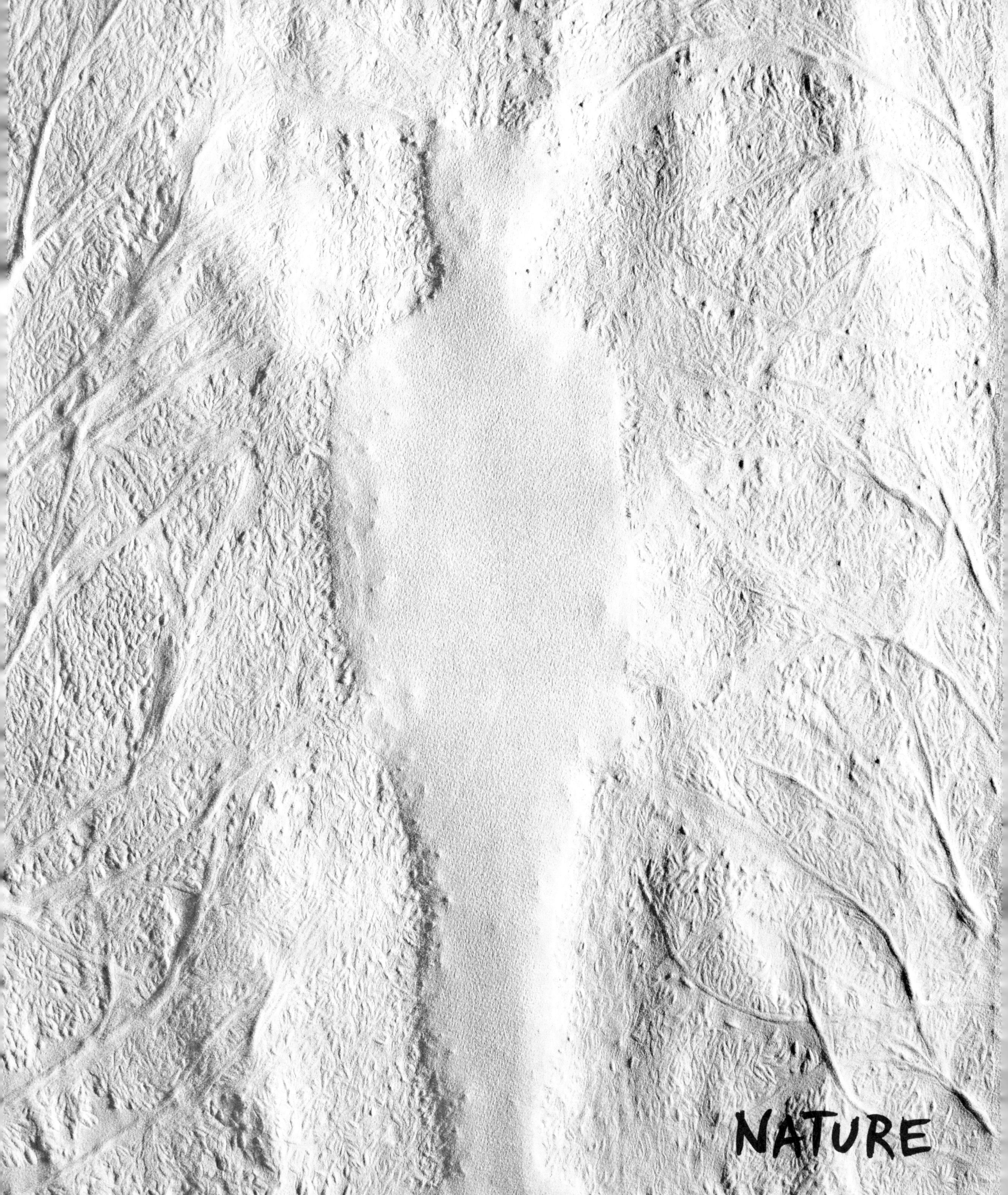
NATURE

Decías que era el final
y resultó ser el principio.

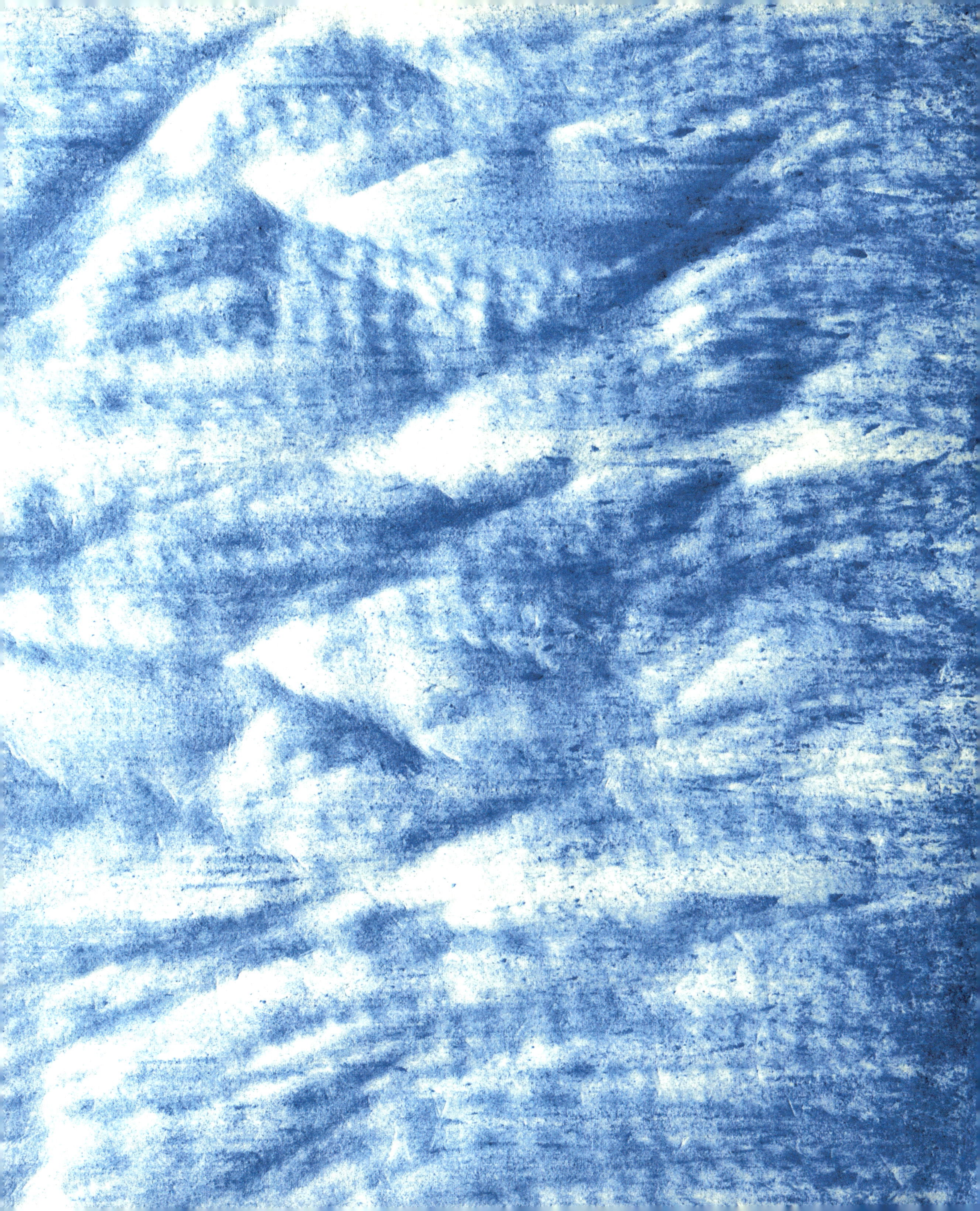

En tiempos convulsos, cuando lo viejo aún no ha desaparecido y lo nuevo no termina de llegar, Pepe Moll de Alba nos invita a la reflexión con una mirada reveladora en la que su obra pictórica, delicada e irónica, se une a un provocador texto poético. En su trabajo se percibe la influencia de la luz –y de sus sombras– y de los lugares en los que ha vivido: desde la claridad de su Barcelona natal y la que baña las Islas Canarias, donde pasó una infancia marcada por el contacto con la naturaleza, hasta la penumbra de Alemania, país en el que se formó como artista, y la luminosidad dorada de Italia, lugar en el que adquirió madurez como pintor. Es en ese contraste y en esa tensión por donde transita, como si de manera natural hubiera fusionado el Renacimiento toscano con la Bauhaus, conectando por medio de puentes invisibles con sus raíces atlánticas y mediterráneas. Todo lo que crea Pepe Moll de Alba es elegante y sensual, pero es en su honestidad y su audacia donde radica su modernidad. *Romper viejos hábitos* consigue hacer de un manifiesto autobiográfico un tema universal que nos convida a profundizar en nosotros mismos, haciendo propio un relato que adquiere más sentido que nunca en el momento actual.

Vegueta Ediciones · **Ecolibri**

Primera edición, mayo de 2018

C/ Roger de Llúria 82, 08009 Barcelona
C/ General Bravo 26, 35002 Las Palmas de Gran Canaria
veguetaediciones.com

Fotografía: Eva Moll de Alba
Diseño: Pepe Moll de Alba

Impresión: Gràfiques Alzamora
ISBN: 978-84-17137-20-5
Depósito legal: B 7074-2018

Impreso en España

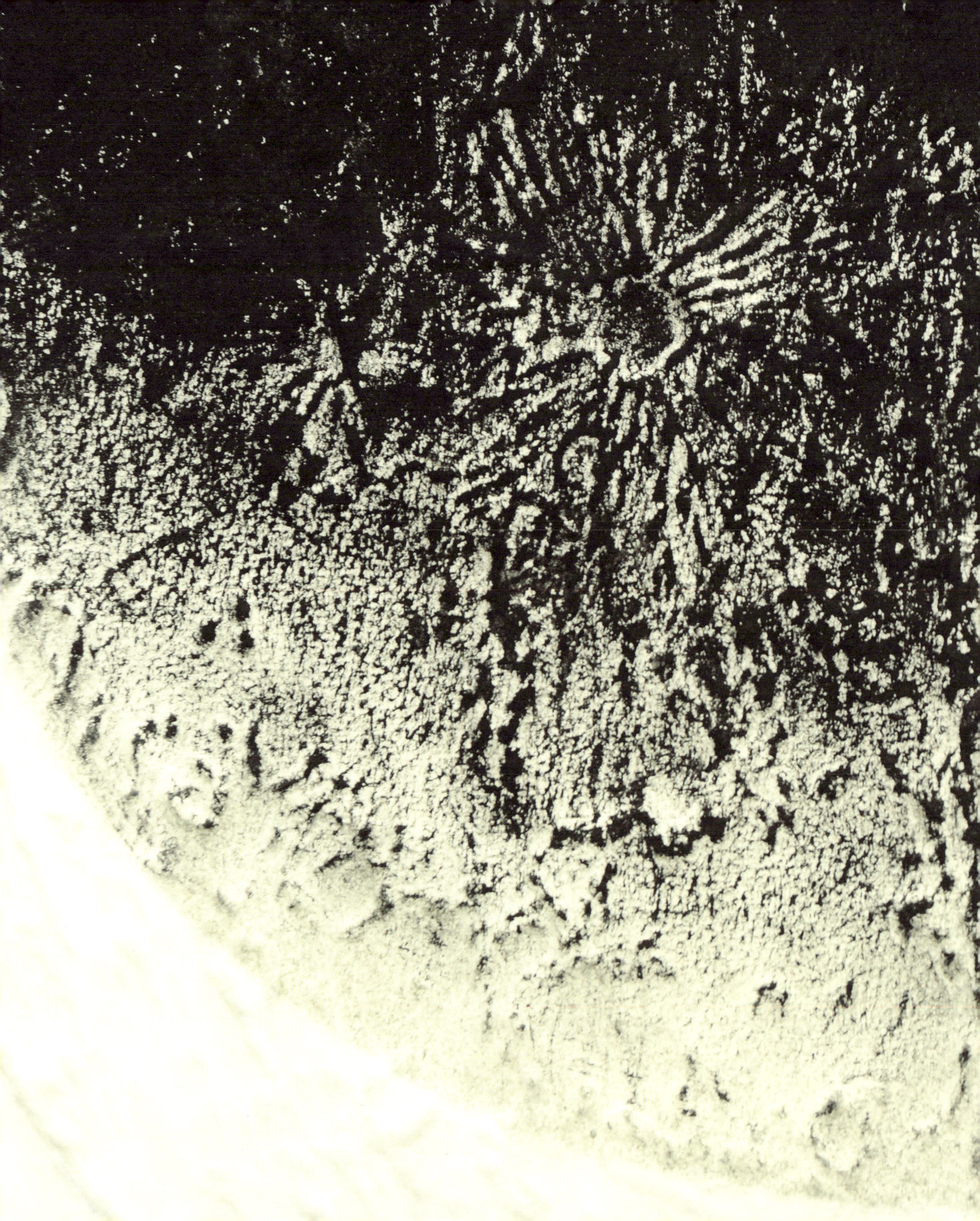